시간 속에 박물관 하나 그려 놓았다

국립중앙도서관 출판도서목록(CIP)
시간 속에 박물관 하나 그려 놓았다 / 지은이: 박숙희. - 창원 : 창연출판사, 2015
p. ;   cm ISBN 979-11-950775-8-8 03810 : ₩9000
한국 현대시[韓國現代詩]
811.7-KDC6
895.715-DDC23   CIP2015017758

시간 속에 박물관 하나 그려 놓았다

초판인쇄 2015년 7월 4일
초판발행 2015년 7월 11일

지은이 | 박숙희
펴낸이 | 이소정
펴낸곳 | 창연출판사
주소 | 경남 창원시 의창구 읍성로 39
출판등록 | 2013년 11월 26일 제 2013-000029 호
전화 | (055) 296-2030
팩스 | (055) 246-2030
E-mail | 7calltaxi@hanmail.net

값 9,000원
ISBN 979-11-950775-8-8 03810

ⓒ 박숙희, 2015

* 저자와 협의하여 인지를 생략합니다.
* 이 책의 판권은 저자와 창연출판사에 있습니다.
   양측의 서면 동의 없이 무단 전재나 복제를 금합니다.
* 잘못된 책은 바꾸어 드립니다.

시간 속에 박물관 하나 그려 놓았다

박숙희 시집

창연

차례

섬, 외도 / 11
연꽃 커튼 / 12
여행수첩 / 14
자유의 굴레 / 16
클레멘타인 / 17
늦은 봄/ 18
나 잿빛 고무신 / 19
꽃잎이 박힌 아스팔트 / 20
첫사랑 / 22
시간 속에 박물관 하나 그려 놓았다 / 24
어디로 갈 것인가 / 25
당신의 별 그 속에서 / 26
봄비는 내 안의 시인으로 내리는 저녁 / 27
화왕산에서 / 28
장마가 자라는 여행 / 29
건널목 /30
나는 / 31
얼레지꽃 / 32

서서 자는 나무 / 35

밥 짓는 세상 / 36

바람꽃 이야기 / 38

은행나무 / 40

창문이 단잠을 자고 있다 / 41

전화 / 42

1997년 말은 날개를 단다 / 44

가을옷을 입은 편지 / 46

나무거울 / 49

하늘 / 50

수원행 기차를 기다리며 / 52

자화상 / 54

창가에서 바라본 창문 / 56

자운영 / 59
여행수첩 / 60
은어 / 62
빈집 / 63
눈 먼 사랑 / 64
번호 지우기 / 65
나의 술래 / 66
사마귀 사랑의 그림 / 69
가을수첩 / 70
대부도 / 72
섬 / 74
사월 / 75
그 여자의 방 / 76
누구도 안개를 걷을 수 없다 / 78

탱자나무 가시 / 81
꽃집에서 /82
거리는 / 84
겨울나무와 꽃 / 86
귀현리 바다에서 / 88
그대를 사랑하는 이유 / 90
개꿈 / 92
두 개의 벽 / 93
내 안의 시는 렌즈 앞으로 와서 찍히지 않는다 / 94
동행 / 95
길 위의 남자 / 96
신호등을 꿈꾸는 교차로 / 97
겨울밤 / 98
내 안의 우체국 / 99
어떤 저녁에 내리는 눈 /100

작품해설-임창연 시인 / 103
시인의 말-박숙희 시인 / 111

섬, 외도

잉태의 집에
와 있는 섬

겨울이 떠다니는 마음으로
와 있는 섬

선홍빛 떨어진 자리로
와 있는 섬

천국의 계단을 오른다

동백꽃을 보렴
동백꽃을 보렴

오르가즘을 느낀다

연꽃 커튼

해 질 무렵 문 밖 지도를 아무도 내어 주지 않았습니다
오늘 참회의 창문에 갇혀 그리움이 타는 저 아프리카

진흙 뺄은 노을빛 창가에 앉아 고향의 갈매기 울음 속
저녁을 서서히 내려놓았습니다

커튼 사이로 비스듬히 누워 바퀴자국을 만들어 신호음의
경쾌함을 가질 수 있다면 보리피리 흘러 흩어지는 밤
질투를 잃어버린 주인공 되어

세월의 흐름을 말해주고
있지 않는가

어머니 그리운 날에 연꽃 커튼을 드리우고 잠을 잡니다
살며시 이불을 덮으면 새의 희망을 꿈꾸며 울어 버린 나

그날 밤 물결 위 강나루의 아련함이여 그 곳에 누워 하늘을
보고 있는 얼굴 마음을 수놓은 그대의 삶도 식어가리라
사랑이란 이름 석 자를 잊고 지낸지 오랜 시간에
새벽의 가로등 별이 되어 반짝입니다

내 안의 그대는 지금 달빛
가슴이 타도록 불러보지만
강나루 불빛 무늬 흩어진 시간
그 호숫가에서
잠 못 이룬 얼굴을 하고 있겠지

여행수첩
−삼랑진교 아래에서

강가에는 나보다 먼저 새의 기억들이 와 있었다
모래시간 위로 걸어간 발자국을 보며
사진기 셔터를 누르는 것처럼
하나 둘 셋 하며 기억을 만든다

새의 기억들이
와 있었다는 사실 앞에
바람은 모래를 세워
새의 기억을 덮는다

바람이 불어와서
모래의 기억을 잠그고

…
…

바람을 세워야만이
그대의 기억이 되는 줄 이제서야 알았다

은회색 철교 아래 불어오는 바람에게 말한다
강이 얼음을 녹아내리는 시간과 함께
풀어버린 머리카락을 보는 그대와 나 사이에
강 물결이 언제나 일렁이고 있어서
미안하다고

바람이 불어
강물의 물결이 내 가슴으로 와 있다는 것은
이 바람으로
닿고 싶은 사람이 있는 까닭에

자유의 굴레

매일 밤 개미의 마을에 사람들이 온다 솜이불의 세상 굴복하는 하늘에 눕고 확대하는 필름 속 미스고의 음성은 푸른 신호등이다 존재론을 퍼마시는 수은등의 입술이며 하찮은 시린 들로 변해 우명의 실제 속으로 신발들이 행진곡 떠난다 "ㅆ" 욕을 하는 젊은 남자 그러나 "안녕히 가세요"

맑은 청음 뇌리를 스친다 네온사인이 꺼져가는 시간 붉은 신호등의 흔들림 개미의 집 사랑채에는 화기들의 장난감이 보이며 숨어서 있는 이빨들의 총집합 무엇을 위해 상냥한 언어들의 교감들이 진행되고 있는가 개미군단의 사랑은 충격적인 느낌을 받는다

미스고의 음성은 높은 장대이다.

클레멘타인

창을 열어 놓았습니다
오랜 침묵에 한 잔의 물컵은 그를 바라보고
앉아있습니다
물컵에 담겨진 그를 바라봅니다
물이 이제는 식어가는 시간을 수치바다가
알고 있습니다
등 굽은 나를 고기떼는 떠 있는 바다에 가서
살아가라고 말하곤 합니다
마음은 언제나 식사를 위해 약속을 바다에
숨겨두는 하루입니다
그녀는
클레멘타인 찻집의 모습으로
일기예보 가끔 흐림

하얀 비닐을 두 손으로 받쳐들고 곁에선
나는 일기예보 태풍주의보

늦은 봄

사월의 바람
등나무꽃을 흔들며
이젠 가자고 조르고
꽃에 앉은 벌 한 마리 아쉽다고
왱왱 거리는 나른한 사월에
준우는 다리를 다쳐
매일 엄마 등에 업힌다
"엄마 등이 작아 미안해요"
준우의 말에
마음의 언저리가 아프다
5층 계단의 수만큼 아픈 걸까
준우가 커가는 줄 몰랐다
업고 다니느라 나무들이,

늦은 봄의 그늘이
내 곁에서
붉은 봄을 따고 있다
(아들아)
시간이 흘러
꽃을 피워낸단다

나 잿빛 고무신

보았다
구로역을 지나는 전철 안의 풍경을 나는 보았다
황토색 양말에 검정 고무신을 신은 사내의 얼굴을 보았다
잿빛 바지에 구멍이 숭숭난 겨자색 잠바를 입고
얼굴에 앉아있는 주름 깊이
세상의 이야기를 해주는 얼굴을 보았다
손은 일그러진 삶을 모았는지
퉁퉁 부어 있었다

달리는 전철은 어느새 한강 철교를 지나고 있어
창가에 노을을 묻어 정거장이 어디라고
정거장을 바라보라고
창꽃구름 끝자락에 불이 붙어버린 모습에
나는 잿빛 고무신
보았다

꽃잎이 박힌 아스팔트

길의 인연에 접속된 가면놀이가 시작되었다
꽃잎이 박힌 아스팔트의 성에 자라는
난시의 아지랑이 달려가고 있다
고양이의 낮잠 속으로 태아의 강 위로

숨쉬는 꿈의 궁전 위로 자동차가 굴러가고
물들지 않아야 한다
물들지 않아야 한다

벚꽃 꽃잎들이 치마

백년의 언약으로 빠져버린 그 사내

춤의 미소는 황홀한 여백으로 흘러가야 하는 곳에
문 닫는 소리
소리들은 환청으로 접을 붙인다
꽃잎은 자동차 가면놀이를 위해
자동차 유리문에 꽃잎을 찧어
바람은 고기 굽는 나라로 가고
세상의 보조개는 울음보로 변해가고 있어
여기는 쉼터

번호판은 산소호흡기로 호흡할 수밖에 없다

꽃잎이 박힌 아스팔트 성에는
성 안에는
좌우 중립의 눈금은 감금되고 무게 중심에 실려 가는
길목의 가로수 뿌리 잠든다
길의 인연에 접속된 가면과 함께

창원시 팔용동 1번지
중고차가 상사의 바람개비 되어 하늘에 찍힌다
그 사내와 함께

첫사랑
-도꼬마리

오가는 바람 이울 때
능소화 마음 보이지 않아 끈적한 흔적
내 속에
그는 타인이다
이젠, 도꼬마리 되어버린
그는 지울 수 없는 그림자였음을

그 때문에
무수히 만졌던 마음의 여러 갈래 길
마음 놓고 서 있으면
그림자처럼 소리없이
바라보는 도꼬마리
먼지같은 허허로움을 닦아내듯
뿌연 유리 닮은 나를 닦아내듯
욕조바닥을 닦아내듯
네가 나를
내가 너를
이젠 가슴에 물집이 되어
밤새껏 흉터자국 얼룩지더니
햇살이 쨍그랑 깨어져
대낮인데 어둡기만 하다

낮게 떠도는 어둠을 반죽한 난
마음 속 빈 방에 들어가
혼자밖에 들을 수 없는
울음을 숨긴다
자리가 잘못된 것일까
서로가 서로의 그림자였음을 알게 될 때
이제껏 마무리 못한 언어들
쫓겨난 시간 속으로 사라진다

시간 속에 박물관 하나 그려 놓았다

박물관 불빛에 잠자는 그림자들 바람을 손에 쥔 채
동수원 사거리의 해탈을 업고 홀연히 돌아간다
어디,
겹겹이 매물도를 껴입고 또 껴입고 무엇을 위해
십자가의 길 속으로 가고 있는가
무엇을 위해 베갯모에 두었던 사랑 가지고 왔는지
손톱빛 달무리는 또 얼마나 창백해 질 것인지

진회색 문풍지 호리는 바람자리 접고
달빛 무릎 이슬에 적실 때 처녀성 사랑일까
초승달,
흑백사진 속에도
어느덧 매화향 꽃이 핀다

어디로 갈 것인가

살을 부비며 사랑가를 불러보면서 살아가야 하는지
그래 살을 부비며 살아가야지 가끔 잘 가라고 민들레
홀씨의 자유를 위해
언젠가 우체통의 연서의 입맞춤의 인사를 뒤로하고
연서의 갈 길은 장대비의 하늘이었지
잠은 지렁이 신세였지

오후의 빨래들은 수원역 광장의 시계탑에 가 있어
시계탑과 함께 일어나는 흰 거품들 안으로
낯선 시선들은 기적소리에 울어 울어 잠든다

낮 가로등이 피고 있어
유리창에 기대어 서면
마음은
어디로 갈 것인가에 묻어나는
취기
때 아닌 장마에
어디로

당신의 별 그 속에서
−가위전설

가위전설의 이야기 속에 달팽이 등에 호랑나비 무늬가 있었다라고
달팽이와 호랑나비
손수건에 박힌 별모양을 보았다라고

어지럽게 눈이 돌아가고 쉼표를 부착할 수가 없는 것
에 더듬이는 허술한 속궁합을 찾아가는 것이 아닌,
달팽이 등에
반사적인 행위로 다가가고 형체가 녹아버리는
온도에 다시 찾아가고
살아가는 질 속 풍경에 하나의 화인이 되어버린
샘 깊은 가위 전설의 무덤이 되었다

달팽이 등에 무늬가 있었다
손수건에 박힌 별모양을 보았다

봄비는 내 안의 시인으로 내리는 저녁

빗방울이 떨어지는 날
마흔의 봄
비로소 물이 되는 봄
꽃시집에 펼쳐 놓은 밀어로
물이 되어
어제는 봄비가 나의 머리결을 안아 주더군요
세상으로 다가오는 봄비의 사유도 들었어요
손을 내민 찬미의 친구와 함께
창 유리문 너머로 떠나가는
세월이란 허방을 주어서
길손의 품속에서 비의 잠을 잡니다
내일의 꽃씨를 위해서

화왕산에서

화왕산에 걸터앉은 보름달
거리의 신호등 졸음에 하품을 하고
밤거리의 코스모스 길가에 모여
길거리의 모습을 꽃쟁반에 담아
길손에게 먼저 주고 싶어

달 밝은 밤을 만들자고
가슴에서 일렁이는 자유
허전한 동정을 뿌린다
가슴에 뿌린다

그대를
간직할 자리가 없어
화왕산이 울었다
'그대 그리고 나'
노래를 손잡고 불러보고 싶어

그러나
한 생을 마감할 때까지
바람꽃은 나에게 말하려하지
'만날 수도 없고 가질 수도 없다'
눈물이 흐르는

장마가 자라는 여행

기차 바퀴는 먼저 나의 속임수를 알아차리고
떠나고 있다
창원행 기차표는 장마에 젖어 있고
하행선 광장의 전광판에 오르락내리락 하는
소식은 인생 하락세란다

장마가 자라는 여행은
잡초만 눕는다
나를 따른다
물고기 비늘처럼 안개비에 몸을 씻고
나들이 준비 한창이지

기차가 달린다
창 밖에는 낚싯대를 드리운 젊음이 있다

떠나올 때의 버팀목은
산자락을 돌아 돌아서 네가 되고 싶어

목적지를 버리고 순간 간이역이 보이는 곳에 내린다
허기진 배는 나와 같은 행인이었다
서로의 모습을 바라보면서

건널목

내 유년의 건널목이 있어 봄볕을 젖가슴에 달고
건널목의 신호깃발을 만나면
내 안의 한 사람으로 만나면
내 안의 한 사람으로 태어나면
붉은 우체통과 한바탕의 웃음을 나누며
간이역의 손수건을 흔들고 싶은 날
신부가 되고 싶었다
천천히 다가선 기억으로
오월의 신부는 기적이 울리는 언덕배기의 사랑을 위해
그 곁에
한 사람의 순결로 태어난다

나는

고인돌의 이끼를 하늘이 받쳐주는 모양을 보았다 나는
성혈이 있는 자국을 만져 보았다 나는
떨어지는 경계의 한 부분이 외삼미동에 자라고 있었다
회귀본능을 위해 문명의 헬기가 떠났다
남겨진 소리 우~웃 우웃 마음을 버리는 소리
갈 수 없는 나라에 가고 싶었다 나는

얼레지꽃

팜하우스 창 너머
모래햇살
날개마을에 모여듭니다

바다 이야기를 듣기 위해
오후의 공간 속으로
나비가 날아들고
햇살 부스러기 피어난
잔디꽃을 보면
얼레지꽃 영상들이
그 사이에 놓입니다

햇살이 고와서 손잡아요라고
말할 수 있는
당신은 얼레지꽃입니까

보여드리고 싶었던 마음은
햇살이 등 뒤에 있어
핀다는
당신은 얼레지꽃입니까

하루의 그늘은 얼레지 꽃잎의 띠무늬가 되었습니다

서서 자는 나무

햇살 내려와 앉은 겨울 오후야
팽팽하게 당기는 바람이 불기 시작
서서 자는 나무
낱바람으로 세월을 자라게 하는
시간에 가슴에
서서 자는 나무를 심어야 했었다면
웃음 띤 나무를 보는 거야

팽팽하게 당기는 바람이 불어
마음에 못을 박아야 하는 일들은
유년의 의자가 그려놓은 정물화 속에서
세월이 지나는 바닥
바닥으로 떨어져 나가는 과거
과거 속에는 백일홍 꽃 가까이 있어
날개를 달아야 했었던거야
흑백사진 속 서서 자는 나무인거야

'섬마을 선생님'의 뜰에 철없이 피었던 백일홍도 떠나고
하오의 나무 그늘이 자라는 것은
가슴을 적시는 바람

흑. 백. 사. 진. 속.

밥 짓는 세상

홍등에서 자란 씨앗은 눈 먼 이의 이빨 사이에
끼어들고 있다
미이라에 새겨진 고딕체에 목청 돋우며
들여다보는 얼굴은
박
하
사
탕 하나를 목메이게 켁켁거리며 먹고 있다 목을 쪼이며
먹
고 있다 하늘이 불러주는 이름을 씹으며 먹고 있다
하늘이 이름을 불러주기를 기다리며 작업은 시작되었다
비닐손.무채색안경.검정장갑.회색가운.커튼이팔랑거리는호흡.
천장의울음
하얀 자궁벽에 씨앗 하나 얇은 옷을 벗는다
울음이 링거병 속으로 달려 들어간다

5%포도당

5%포도당 링거병에서 흘러나와야한다
태아의 울음과 함께

지금은 봄 고로쇠나무의 수액을 받아먹고
원피스 한 장이 찢어진다
양수가 흘러나온다 최소한의 혈압을 올리려한다
다시 시작하는 저 별들의 잔치
알레르기반응검사는 벙어리꽃, 벙어리꽃 한 송이 자라나
내 입 속에서
잠을 자려하고
링거병에서 흐르는 수액은 똑딱시계 모양의
흐름으로 잠을 자려하고
다시 돌아 올 수 없는 밥 짓는 바이러스가 되어
잠을 자려하고
부분마취는 다시는 돌아 올 수 없는 머나먼 질 속에서
잠을 자려하고
부패를 꿈꾸며 심장을 찢어서 만든 나의 모습
나무의 집에 자란 뱃속 아이
밥그릇을 만드는 날에 밥 짓는 세상을 알려 주었다
그리고
오늘도
밥 짓는
세상에

나는 아무 이유없이 또 다시 밥 짓는 세상에 있다

바람꽃 이야기

강물 속에 누워버린 바다에 나는 가지 못하는가
시간 속에 누워버린 바다에 나는 가지 못하는가
바다의 신음을 톱질하여
무명 하나를 정으로 띄워 바람꽃으로 태어날 햇빛에게
나는 하루의 시간을 찾아서 떠난다
심장의 붉은 피를 삼켜 가슴으로
집을 지었던 어제의 사랑채
바다의 속삭임으로 채워버린 그 어이할까
눈을 감고 있으면 창 밖의 바람꽃 속삭임을 듣고 하늘은
바라보았다
물질로유행가가사로마음의벽을쌓아가는길
바람꽃 이야기를 누군가에게 할 수 있다면
강물 속에 누워버린 바다에 가서 말 할 수 있다면
살고 싶다
그러나
떠날 수 없다는 시간
시계가 없는 대합실의 기다림
졸고 있는 시계탑을 사랑한 그 어이할까
노을의 연가를 불러 마음의 언저리가 녹아내린다면

나는 다릅니다
알고 있으니 말입니다
마음을

바다의 바람을 불러주기 전에는 구름이
움직이질 못한다 말입니다
바다의 바람은 바람꽃 씨앗을 내려놓은 자리를 위해
흔들리지 못한다 말입니다

나는 다릅니다
그대의 바람꽃 자리를 잊지는 않았는지
묻지 마세요

늘 그를 꽃피우는 나는 바람꽃, 꽃입니다

은행나무

생명의 탄생을 찾아 헤매었던 언덕의 바람
짝짓기를 원했습니다
짝 잃은 숲은 지난 흐름, 흐름을 잊었습니다
벽의 옹골참을 이겨내고 지금 막 물이 오릅니다
잎은 쇠사슬을 엮는 일에 그대와 나 사이에 바라볼 수 없는 상처에도
익숙해져버린 희망, 희망없는 작은 껍질 속으로 미소를 흘리고 있습니다
땅의 뜨거움은
언덕의 바람은
은행나무를 위해 하늘 소풍을 가길 원했습니다
작은 잎의 무게만큼

3월 밖으로 경이로움에 사로 잡혀 보았습니다
가벼움으로 다가오는 사랑에
탄생의 혼란에
홍역을 치루었습니다

당신의 숲에서

창문이 단잠을 자고 있다

창문이 단잠을 자고 있다
사람을 찾고 싶다
공중전화 박스를 응시하면
내일이란 시간을 가볍게 가슴에 올려놓지 못한다
우리는 언제 자유주의자 생활의 실타래를
감아볼 수 있는가
기침소리로 한 나절의 오후를 잠식하고
시계 속에 하나의 삶
풍뎅이가 되어가는가
시간은 흘러가고 진지한 물음표에 한 번 더
벌써 달력의 숫자는
하나의 무형속으로 건너가 버린 시점
울타리가 되어주었던 그 사내
다시 떠났다

창문이 단잠을 자고 있다

전화

손가락 지문을 만지면서
늘 힘없어 하는
그를

개구리 웃음이 가지고 떠나고 있었다
오랜 기억
가슴을 도래질하여
숨가쁜 아이의 눈을 바라보고 있었다

소식 없는 회색 떨림을 위해
강물 위
앉아 있는 물새로
그려만 가야하고
잔잔한 어둠을 살려 가슴의 메아리
띄워질
소식 없는 회색 떨림은
꿈으로 가져갔다

잘려나간 폐부의 옹이
주위를 맴도는 공기빛 상처 자라나
손 잡지 말아라
음성은 손 잡지 말아라
어둠이,
사랑이,
오래 서성이던 물빛 알몸
공중에 휘말려 가는
씨앗이 되어
"여보세요"

1997년 말은 날개를 단다

사슬의 고리가 얽혀버린 사진을 응시하고 우뚝 선 뒷
배경의 미래는 하나의 우주왕복선을 연상케한다
알 수 없는 우리 어둠의 터널이 되고
한 가닥의 희망을 철 지난 꽃으로만 볼 수 있다
아파해도 아파해야지라고 생각해도
이젠 더 이상 이유가 없어졌다
스치는 것은 바로 착란현상이길 바랄 뿐
내 손에 쥐어진 운명은 어디로 가야하나
꿈에 보았던 그 방에 들어섰을 때
운명론자는 아니지만 왜 그 쪽에 머물러만
가고 있는 것일까
밥상이 휴지통이 춤추는 시간 나는 또 얼마나
아파해야 할까 만남이 이토록 사슬을 만들었던가
소리없이 울어 목이 벅차와 아픈 통증을
한없이 느끼면서
호흡이 곤란하고 살이 곪아가는 아픔보다
더 지독한 아픔을 느낀다

이제 그만 나의 혼이 날아가
긴 한 발을 디딤으로 행복할 수 있다면
그 황량한 곳으로 떠나고 싶다
한 달하고 21일 모자라는 시점
나의 살아온 이야기를 펼쳐 보이고
생을 마지막 해야 할 이유의 타당성에
나 스스로 인식하기로 한다

전압이 2만 볼트에서 200볼트로 낮추어야 하듯
윙윙 울리는 가정용 변압기는
고기압권에 들어와 있다
1997년이란 숫자를 지면에 남기고 간 자리에
말은 날개를 단다

가을옷을 입은 편지

둥근 형체로 떠나는 홀씨
부서진다
들꽃향기를 업고 가는 나
부서진다
접동새 소리 밑으로 세월의 흐름
홀씨가 되어 떠난다

지나간 잎새들은 화면에 비친 둥근
그리움 한 조각
창으로 다가와 바람의 꿈 웃고
서 있다
삶이 싹튼 자리에 용서의 나무를
심었다
소리없는 심장을 주었다

한바탕 웃음으로 자란 시월의 장미는
가슴을 치는 종
백색 갈매기 울음에 눕는다
책갈피 속을 지켜온
파도 내음을 안아 버린 후에는
물거품의 휴식이 필요하다
돌아올 날은 언제인지 기약이 없다

가을
젖은 안개
동심의 돛대를 띄우지 못하고
건반이 되어
자리를 떠나 버렸다
가을녘에서 바라보는 삶의 종착지가
바로 그 모습

내일
날이 밝으면
한 줌 세상 빛
재를 뿌려야 한다
그녀의 잠든 모습에
불붙은 인연에

어둠을 안고 내리는
굽은 가로등 불빛 안으로
피워 올렸던 축제
비비추의 향연 자라나

이제는
태양의 음률 살아남아
나의 꿈
가을날의 긴 편지
바람이 되어
웃고
서 있다

나무거울

나무의 눈은 나무거울을 만들어 간다
비포장 길에서 숨어버리는 둥근 바퀴의 낙인들
나무거울을 만들어 간다
누군가의 손짓으로 가슴 속 빗장을
한 장의 잎사귀 위에 올려 놓았다
옷을 벗는다
옷을 벗은 나를 올려 놓았다
나무거울에게 전하는
손톱이 없다는 문자메세지
섬뜩하다

나무거울의 호흡은 어떤 호흡일까
나이테 주위를 돌아간다

향유를 바른 몸짓으로
시창詩窓을 닮은 나무거울이 서 있었다

나는 보았다
낡은 시간에

하늘

물관부를 타고 올라 꽃을 피운다
내게 그윽한 향내를 풍기는 은목서

잠시 머물다 갈 사랑이라서
먼 뿌리에서 온 그대가 아닐거야
너무 깊고 먼 뿌리에서 온 그대가 아닐거야

그대는 소낙비 한 줄기 내리는 날을 닮아 있다
비와 땅의 첫 만남이 있어
대지에 뿜어내는 후각의 비림이 티벳의 장례의식
천장 장면들 떠 올린다
대지의 몸을 만진 그대가 강을 거슬러 올라
독수리의 위장 속으로 숨어 들어간다
붉은 핏덩이 검붉은 흙덩이에 묻혀
무덥던 밤을 지나왔으니 그대
곁에서 아침이란 시간을 만나게 되리라
주검이 만장처럼 하늘에 헛가슴을 달아
알몸뚱이 기억하려한다 어디서 어떻게 찾아왔는지
장미빛으로 염색한 머리결 찾아왔는지

티없이 맑은 눈
문득 층계, 층계를 오른 대지의 몸
몸냄새를 맡는다

하지만 은목서 세월을 돌아보다
몸을 굽혀서 어떻게 사랑해야하는지 속삭일 수 없으니
자기 몸을 맡길 수 없으니

독수리 훌훌, 날개짓 소리 툇돌 위에 올려놓고
신은 한 말씀도 없으셨다

수원행 기차를 기다리며

나는 꽃잎 떨어진 정거장에서
기적소리로 만든 백지 안
네모난 겨울을 만난다

뒷배경으로 선 겨울은 원근감의 끝 거리 수면 위로
반짝이는 보석을 세워 두었다
나는 정거장에서 몸이 문닫는 소리에
귀 기울였던 밤들을
아주 곧은 길에서
속눈썹의 밤
님이 떠 있는 밤
자정의 소리가 시간 속으로 숨는 밤
그런 밤들을 네모난 겨울과 함께 나를 세웠다
네모진 겨울이 되기까지는
뒷배경의 몸이 문닫는 소리가 있었다
홀벗고 서야하는 마음이 있었다
이젠
막연히 삼류극장에서 보았던 기억하지 못하는
영화의 한 장면처럼
변해가는 인연 하나를 줍는다

패종은 과거를 만든다는 것, 과거를 만든다는 것은
아주 작은 길에 뿌려지는 꽃씨
꽃씨들이라며 시작과 끝이 자리 잡을 수 있는
그 길에서 탄생을 꿈꾸며
무한궤도의 바퀴 수를 창원에서 수원까지

정거장 의자에게 별들은 동경이 되어간다며
그 후 개찰구를 벗어난 낯선 시선들
무수한 별들을 따라 떠났던 기억은
서로 닮은 사랑을 말한다

뒷배경으로 선 겨울 이야기는
원고지의 빈칸 채우기였다

자화상

고운 이파리 울음에 입술을 달래봅니다
하나의 기억을 등지고 기다려야하는 시간
등이 굽어 갑니다

둥글게 선들이 모여듭니다

우리들의 자화상

원으로 보인 봉분의 식어버린 체온 속으로
흙 뿌리에 혼을 담아 오르는 계단 사이와 사이에
봄은 제 살을 부비며 서 있습니다
묘지의 솟대는 안민고개를 베개삼아
베고 누웠습니다
봄을 안고
흙을 안고

뿌리 내린 철탑으로 굽어오른 안개를 사랑합니다
불이 붙은 화환속으로 돌아가야 하는 무덤 앞
녹아버린 생의 발자국
계단에 박힌 뿌려진 자취
나 닿을 곳 눈 뜨고 바라보고 싶었습니다
색 바랜 종이꽃이 계절의 뒷배경
풍경 풍경이 울고 있을까

오늘
나
젖무덤으로 돌아가서

입 다문 꽃 한 송이로 거리를 걸어 나옵니다

창가에서 바라본 창문

지쳐있던 아스팔트 위에
가뭄의 흔적을 지우는 비가 내린다
가로수는 살냄새로 촉각을 뒤흔들고
방향감각을 잃은 고개가 돌려진다
비가 왔음을 알리는 가로수 뒤 서있던
여자의 살냄새는 설명할 수 없는 부호를 남기고
사람들의 흔적에서
뿜어내는 방향지시를 이야기하고 있다
하늘과 지상의 공간에서는 비가 온 흔적을
아무도 모른다
이른 아침
바람은 향기를 안고 어디론가 떠났다

황톳길 어린 날의 기억들이
참꽃향기로 바람이 사라진 공간을 가득 채우고 있다

자운영

어디론가 떠난다
연두빛 물감
물감으로 담아내는 비, 비는 그를 만난다
간지럽게 물방울 속으로 피어 그, 그를 만난다

여행수첩

계곡의 물소리가 만드는 어둠이 저녁 바람의 흔적이다

내 청춘을 자랑했던
푸른 눈을 가진 숲은
해 그림자를 안고 저녁을 사랑하려 한다
물소리가 내 곁에 와 있는 시간
멀리서 온 편지의 그늘이 내 곁에 와 있는 시간
개울가의 물 흐르는 소리
찬불가 소리에 탑이 꿈꾸는 소리
나를 씻겨내는 소리
하루가 가고 또 하루가 가는 소리
물에 씻기는 기억
다시는 내게 오지 않을 생각에 잠긴 집이 된다
저 소리들의 노래가 강 깊은 우물이 될 줄은 몰랐다
더욱 강이 깊어 가는 줄 몰랐다

가벼운 울음에도
어둠이 내리는 표충사 계곡
울음으로 물소리 흉내를 내어보면
어느새 아이의 발바닥에 비치는 빛으로 태어난다
빛은 흐르는 물살 위에서 산란을 하고 있다

물소리는 나를 씻겨낸다

내가 떠나고
밤이 오는 길목은
참회의 시간 앞에 앉았다 간다

내 설움이 깊어간다

은어

빛,
햇빛촌 기다리는 아침
물빛 옷으로
치장은 시작되었다

언제부터인가 울밑 모퉁이에 서 있는
아련한 기억
손 떨림에 벗어나 박힌다
멀리간 느낌 안에 있는 너
기다리는 순간 시간의 초바늘은
아무도 모를 가슴을 흔들고
시계는 왜 울지
그리움은 물기 없는
바위에 상처가 된다

죽음, 그 결탁으로 탄생은 이루어지는 것이기에
이승에서 이루지 못한 애태움
너는
은어

빈집

흔적을 지우는 빗줄기가 되어
양철지붕 위로 오른다
구두 굽 소리 발자국의 휘파람을 만들어 가면
나
그 위에 하나

얇아 가는 하늘에는 길이 놓여 있다
별에서 가시를 뽑아 먼 곳으로 가는 오후를 훔치고
삼월의 바람 끝에 떨어지는 햇살을 그대 어깨 위에
감돌게 하고 싶은 날
봄, 꽃봉오리가 툭 터져 버린다
가지 끝에선 몸살난 봄으로 숨고 싶은 노을,
풀어버린 한 사람의 울타리 안으로 사라진다
바람냄새가 난다
둥근 판에 솟아오르는 화살촉은 표적을 향하고
글씨의 그리움을 담아내는 봄, 그 여자의 방에
박히는 햇살 속으로 길 위에 길이 놓여
한 묶음의 바람 냄새 허리를 감아올린다
소리를 불러들인다
길이 놓여 있다

눈먼 사랑

눈이 멀었네 눈이 멀었네 석녀상 바라보다
녹아내린 섬돌 위 눈 먼 사랑 베어서
깨우침이 가라앉은 그 위로 돌팔매질 쳤네
가시 돋은 언 살은 아파오고
각질이 남아있는 그 표피에 묻어둔, 독 속에 잠식하는
 하늘안경에 나 석녀상 바라보다 눈이 멀었네
떠나려하면 모래성을 온몸으로 감아올린다
잊으려하면 언어의 축대 위 홀로 핀 과꽃의 자결이 있어
싸늘한 오후를 기억해 보았다
언덕을 구르는 음성 잡기위해서 허방을 주어
하루 이틀 아니… 몇,몇
잊기 위해 얼룩진 천에 거울을 닦아 놓아야 했다
싸늘한 오후를 기억해 보았다
꿈을 꾸는 저승새 꽃을 키우고
잎들은 마음을 틔우는, 잊혀짐이 지나간 자리에 피어난
쇠사슬 청색 잔을 그리워한다

돌아누운 시계가 잠들어 떠나려는 어제 그리고 오늘
눈먼 사랑으로 앉아있을까

번호 지우기

기억 저편 암갈색 안개 자욱한 기침소리에 사람들은
사랑이 없다고 투덜거린다
주민등록번호를 지우기 위한 지우개가 만들어진다
잉크가 마른다 그 순간 잉크의 위력을 아무도 모른다
그것은 증발하는 환희로 다가와
지워져야 할 몫이 자란다고 속삭이며
잉태되어야 한다 잉태되어야 한다

다가서는 지우개 호흡을 멈추고
호흡은 평행을 이행하려하지 않아 잠식되기로 한다
흔들림의 미래는 숲으로 자라고
작은 공을 주머니에 가득

나는 꿈이 숨 쉬는 것을 보았다
나는 꿈을 꾼다
불씨를 본다
마지막 순간에 번호가 지워지면 그 속에서
숨가쁜 가슴으로 불고 있는 호루라기

눈으로 지울 수 있는 지우개가 나는 필요하다
사람들은 사랑이 없다고 외친다

나의 술래

나의 술래와 손잡고 강물이 강물이
흐름의 자욱을 지우길래
안개가 말을 한다

너는
나의 술래라고

높다란 빌딩에 가려진 흔적이라는 언어를
얼굴의 주름살이란 곳에 문신을 하고
강 한 가운데 원의 파장을 만들어 달려간다
소용돌이 속으로 달려간다

긴 여행이 시작된다

잿빛 물안개 보셨나
물안개 피어올라 수없이 펼쳐보았던
나의 술래 다시 접어 보았던

너, 술래
실오라기 걸쳐보지 못한 강둑에서
불새의 마지막 노래 속으로
유랑가의 족쇄가 되어버린 소리에
소리없이 가버린 세월에
웃섶 안에서 밖으로 묻어난
머나먼 안개강
너는 너
나는 나
언제나 나는 나로 자리잡지 못하는가
언제나 너는 너 그대로 너이지 못하는가

강가에 앉아서 마음의 창을 열면 늘 그 자리
떠나지 않는 너는
이글거리는 안경 속에 마주치는 산 그림자였고
안개에 비치는 잔영은 숨어서 보는 물결이었고
그 위의 숲에는
불새의 울음으로 슬픔이 심장을 말리듯
떠난다 타 버려야 떠난다
다 타버려야 재가 되지 그 죄 마저도 증발이라
말라야 떠나지

이제는
흘러가야만 하는 세월 앞에서
소리의 흔적들 눈물 떨어지는 강 바라보며
…
…

새벽을 열어본다
안개가 말을 한다

사마귀 사랑의 그림

시간으로 불을 구워 본다
붉은 몸을 드러낸다
이 봄
뜨락에 피어난 발자국의 춤사위
봄 바다 달려나가고 문신미술관의 그녀
해를 향해 달려나가고
이름 모를 꽃들은 새 울음소리에
가지를 흔드는 바람이고 싶어
사마귀사랑 앞에 모든 책임은
그 사람이 지는 것이 아니라
기억은 무덤덤하게 묻혀서 가는 미움의 존재라
한 사람에게 던져 주어서는 안 되는 일
봄바람은 바다의 물결
눈 귀 얼굴을 가져 다 준다
해안선을 따라 떠나는 바람 속의 한 사람 사랑이야
이야기 했었어

내 몸은 홍매화 붉게 피는 사랑아
그리웁다

가을 수첩

그는 메타세콰이아나무가 되어 간다
그는 살아가는 이유를 일깨워 준 나무
메타세콰이아나무가 되어 간다

봄, 여름의 푸른 눈
늦가을의 갈색눈
겨울의 앙상함을 눈부시게 하는
눈동자의 빛을 닮은 파란 세월의 눈으로
사랑하며 살아간다

그는 메타세콰이아나무가 되어 간다
비바람을 불렀다
태풍에 마음 다칠 줄 몰랐다
나뭇가지가 바람에 불쑥 온 몸을 드러내었다
아 아파요 말하기도 전에
부러져 뒹군다
나를 바라보다
슬며시 눈을 돌린다
그래 그 곳은 너의 쉼터가 아니었어

회오리를 불러 던져준다
회오리가 떠난 자리에 가을 수첩은 원, 원을 간직한다
그의 가슴에 피가 흐른다
나는 너의 눈을 거부한다
나의 그늘에서 쉬고 있는 너를 왜 떠나게 하는가
눈동자의 상처를 보며
너의 그늘로 옮겨 줄 생각에
초가을 아침 햇살을 손잡고 마음 한 자락과 함께 나는
메타세콰이아나무가 자라는 가로수 길에 간다
가장 호흡을 편하게 하는 아침에 나는 간다 그 곳에

나는 보았다
아!
아직도 나의 품속에 잠들고 있었다
그는 계속해서 나와 함께 그 그늘에서
잠을 잔다
100년이란 세월동안

대부도
−한 잔의 공백을 마시면서

낙조를 보았다

물고기 비늘같은 가슴 반짝거린다
물고기가 마신 비누거품 반짝거린다
마주보고 앉아있는 사내 안경테 너머로 질투를 벗어버리고
뛰어 놀았던 갯벌에 뛰어 들고 싶었다
저 너머에 붉은 황혼이 온종일 기도의 손 되어
내 곁으로 왔다
짤막한 연서 한 묶음
그 순간 간곡한 곡조로 노래 부르라
사내의 미소는 평행선을 향해 달려 나가면
가속도가 붙어버린 자동차 질주를 묻어버리고
고개 숙여 자각을 바라본다
굴러가고 싶다
어디론가 굴러가고 싶다

밤꽃, 달 웃음을 보이고
옛 사향 그리워 밤새 뒤척이다
한 잔의 공백을 마시면서
낙조의 자살을 함께 마신다
섬의 염전 자살을 함께 마신다
사내의 눈동자에 묻혀버린 물고기 비늘같은 가슴

낙

조에 목이 감긴다

섬

별이 뜨지 않는 십자로 거리에

서 있는 저 섬

나는 실려 가고 있다

사월

내가 외로운 것이 아니라

봄이 외롭다

그 여자의 방

1.
백열등꽃에 얼룩진 여자를 바람난 여자라며 태엽에 담아
감아 올렸던 순간들을 생각하며 그녀를 끓인다
해를 바라보는
남아있는 체온으로
푸른 앞치마의 묻혀버린 눈시울로
그녀를 피워 올렸던 어둠이 백열등꽃으로 찾아온다
그를 기다리는 유리문은
달맞이꽃 모양의 불빛이 되어간다

2.
블랙박스에 전원이 켜지기 시작했다 겨울, 수세식화장실
붙박이장에 숨겨둔 비밀을 엎고
내일 속으로 걸어가서 걸어가서
동백 떨어지는 어깨를 보며
웃음 띤 표정 지어도
비릿한 비밀은 찾아 들고 갈 곳 없는
이정표 그늘을 피워 올렸던
그 여자의 방
호흡이 가늘어질수록 웃음짓는 백열등꽃으로 찾아온다
마음의 옷을 벗는다
나비는 백열등꽃 춤을 춘다
나비는 그 곳이 불투명 유리문인지도 모른다
눈물이 나비인지도 모른다
그의 백열등꽃 이야기를 그림자에 담아 두고
나를 보여줘
문을 열어

누구도 안개를 걷을 수 없다

누구도 안개를 걷을 수 없다

햇살이 태어나 안개를 걷어 간다

삼랑진 가는 길
어느 길모퉁이에
어눌한 걸음 길을 연다

빨간 잠바를 입고 뒤틀린 길을 찾아 나와
할머니의 손을 놓지 못한다
눈에 보이는 길은 삐뚤삐뚤
세상의 길은 둥근데
직선의 길이 모여 길은 둥근데
할머니의 손을 잡을 때 마다
걸음걸이는 길을 편다
꿈은 안개를 걷는 일일까

주름처럼 뒤틀린 세상
잠시 잘못든 길 앞에

안개는 주름처럼 접히지

탱자나무 가시

골목길... 내 어두운 그림자 숨어 놀았던 그 곳에
탱자나무 가시 웃고 있던 날에
미움의 자물쇠가 열린다
문이 열린다
문이 자물쇠로 열린다
시청각 교재로
자물쇠의 모습을 담았다 내 안에서 숨어 놀았던 그 곳에
개... 광기가 보인다
이정표 푯말... 떠다닌다

한 개의 문... 창문 있었던 이유

참 쓸쓸하다 고요를 채집한 후
바람은, 햇빛을 보기위한 몸뚱이는, 음모는
침대에 떨어져 정오가 될 때까지

지난 이야기 아니야/기억하나/떨어져 나갈 때
불러도 불러지지 않는 이별이 와 있다
가시울타리 안에서

지금...

꽃집에서

낯익은 거리를 지난다
나방의 옷들 봉토빛으로 빛나
나팔꽃 언제 지려나
걸음을 멈추고 꽃집을 기웃거려 본다

회화나무 세월을 머리맡에 누이고
헐렁한 바람의 집 지어
돌방무덤이 꽃집을 차려 놓으니
그 꽃집
아이들 웃음꽃을
조개껍질 밥그릇에
담아 둔다

앉은뱅이꽃 마냥 아주 아주 작아
문득 꿈속에서 일주문 곁에 코스모스
어른 키보다 훨 자라고 있다
유년의 뜰에 오줌을 흥건히 누고 나니
벌 한 마리 그 풍경에 빠진 날
그 꽃집에 들르면
교동 고분 돌방무덤
비화가야의 병정들 깨어 울고 있다

덧없는 꿈 나를 본다
그 꽃집에서

거리는

걸어오고 있다
저녁 불빛처럼 옷을 벗어 기웃거리는 거리
가다오듯이 우리는 함께 시간을 보내고 있다
창원 설렁탕집에 모여
따로 또 같이 빈칸을 채우며
국물의 의미가 무엇인지 모를 시간
설렁탕집 맞은 편 거리를 바라보며
식탁 위 동호회에 올라 온 활자를 보며
서로의 눈치를 보는 모습
등단을 한 시인들의 원고 앞에 쓴 웃음이 오고 간다
파란 방석 꽃등불이 되어 불이 켜지기 시작하며
한증막을 빠져나온 듯한 사람의 모습으로 걸어가
등불이 거리에 내 걸리는 시간은 없다며
그래요 등불을 보며 시를 중얼거려보지만
거리는 꿈
꿈을 비벼서
손바닥에 놓아주는 시
진정 그리웠는지 모르겠다

그는 저만치 달려올 뿐 내게 안기지는 못해
그는 오지 않는다
그는 기다리지 않는다
그는 내가 돌아눕는가도 모르며 살아간다
옷 벗기 시작한 나뭇잎들의 자리바꿈 속에
숨겨진 무반주곡
악보 넘기는 소리에 시상처럼 흔들리는
거리는
검은 덩어리

겨울나무와 꽃

당신 그늘에 있어 행복했던 기억들
편히 잠자리에 들어요
사랑이여 사랑이 당신으로 인해 신세라면 나의 자리에
새 한 마리 앉아 있길 바라는 마음 버렸어요
늘 건강하게 지내며 가끔 하늘 정원에 꿈꾸었던 사랑
가꾸어 가길 바래요 안녕히

기억의 겨울나무,
그녀의 그림자가 드리워진 유리창에
비 되어 흘러내린 날

꽃이 지는 것은 슬픔을 말리며
꽃이 지는 것은 기쁨을 태우며

넓은 마당의 양지에 피었던 상사초들의 울음에
꽃이 떨어지는 시간을 지우며
꽃잎에 기대어 지난 일을 이슬로 꿰어
양지바른 뜰에
펼쳐 놓았던 기도

지금은 꽃잎으로 그 꽃잎 이전의 씨앗으로
귀소본능의 형태로 사라져가기 위한 몸부림의
꽃들

그대에게 하고픈 말
나의 삶도 그러하리라고
기억의 겨울나무와 꽃을 그대에게

귀현리 바다에서

오랜 기억을 가지고 귀현리 밤바다에 갔었어
스무 살 시절로 돌아가고 싶어
기억의 집 한 채를 가지고
갔었어
한국중공업에 근무를 하였던 시절에는
저만치 갯벌이 있었어
나의 자리는 늘 노을을 등에 지고 있었어
노을에 업혔던 사람들이 남천을 지나
기억의 강에 닿고 있었어
나의 등짐이었던 공연장
이젠 수없이 지웠던 나날들 앞에서
공연을 보았던 그 땅은
자동차들의 잠자리가 되어 버렸어
저녁 노을의 자리가 좁아져
나를 버리는 연습같은 공연장
되어 버렸어

내 곁에는
안개는 걸어가고 있었어
습기가 아스팔트에게로 내려와 있었어
가로등은 사랑에 취해 흔들리는 물살 위에 앉아 있었어
바다는 잠들고 있었어

내 곁에는
무학산의 산 그림자가 내려와 있었어
아주 오랜 기억을 가진 홍콩빠의 집
그림자가 내려와 있었어
나를 세웠던 기억의 저편에 이름이 바뀐 회사가 있었어
가로등은 잠들었던 시간을 토하며 붉게 흐려져 있었어
파라핀같은 세월에

오랜 침묵

그 후, 만났던 사람
그 사람의 전화를 받고 귀현리 바다에 서서
나는 목이 잠겨가고 있었어

그대를 사랑하는 이유

눈 내리는 정원의 유리벽에 피어난 성에꽃
손자국이 닿을 때마다
바보스런 모습입니다
그대의 자리에 단내나는 세월로 자라는
후유증은 가슴에 안착하는 실제의 그늘

창에 얼굴을 부비며 그대를 사랑하는 나 그려 넣습니다
거리의 시계탑에 묻어있는 낯선 그리움의 곡선들

그 곳, 어떤 성을 쌓을까
그대만을 사랑하는 그대
나는 누구인가

잊혀지지 않는 나를 바라보기
소멸되어 가는 나를 바라보기

그대를 사랑하는 이유는 참 바보이기 때문입니다
진정 바보이기 때문입니다
그대는 늘 그 자리에 있습니다
초침소리가 들리지 않아도
성에꽃 피는 유리창 옆
빛바랜 등불 아래에서도 눈빛은 변하지도 않습니다

그런 그대를 사랑합니다

개꿈

복숭아 원터치 캔 속
보름달 달빛 오지 않음
그 속으로 분리 배출을 읽어 내려간다
살균제품이라는데 나 역시 살균제품인가

보름달 먹을 수 없으니 부서져 내리는 달빛 모음
맺힌 땀방울 식힌 어둠 모듬
당신을 불러내 시의 진술서를 다시 쓰게 하고
떠나야하는 검증을 재연시키는 언어
구멍난 달이 떨어지니
짧은 교감의 말 혼자 눈을 껌벅이고 있다

귀를 세웠다
남의 배꼽을 보며 웃고 있으니
눈뜬 마음으로 달빛이 오지
너나없이 꼭 같은 어둠이 오지
빈 그물만 잡아끄네
보라, 구속된 견고한 유통기한
설명할 수 없는 관계의 빈집
그 집에서 나 서성거리다

두 개의 벽

신발 한 켤레가 놓여있다 댓돌 위에

쪽마루 끝에서 오후를 잠들게 하는
고양이의 하품을 본다
배를 붙이고 속눈썹 안으로 들어가
나는 어디선가로 부터
낯선 시선을 잡아당긴다
햇살은 신발 한 켤레를 들고
방 안으로 신발 그림자를 옮겨 놓는다

두 개의 벽은 서로를 공격하는 방 안의 사시거리
횡 하니 달아난
겨울초입
그래
겨울초입을 닮아가는 고양이 울음, 울음소리에
붉은 불을 만난다

어미가 되어간다
신발도 나와 함께

내 안의 시는 렌즈 앞으로 와서 찍히지 않는다

입
입을 맞추어
말을 짓는 변명의 집에는
철조망에 꽂힌 오월이 산다

철조망에 꽂힌 오늘
붉다고
붉은 봄을 딴다고

경고문
회색창살의 부식을 보지 말라
시계가 꽃을 피워낸다
시간이 흘러
꽃을 피워낸다

동행

이름 석 자를 가슴에 간직하면 슬픔을 가질까
왜 사람은 행복을 가지면 슬픔을 가질까
행복 하나에다 행복 하나를 더해
그 울림에
꽃이 자라는 그 곳은
아직 남은 가시연꽃 가시에 붙어
꽃물 들이는 웃음으로 웃을 수 있는
생채기같은 사랑

내 머리 위에 자운영꽃 한 송이 앉은 모습에
박하사탕 같은 조팝나무의 마음이 되지 못하는가
양파꽃 지는 마음이 되지 못하는가
보듬어 낼 수 없다

우리는 모두 이대로인 걸

우포늪의 물살은 저 넓은 하늘에
마음만 주고 있었더라

길 위의 남자

후리지아 향기를 만드는 여자
꿈, 꿈꾸는 노란 바람으로 아침을 연다
눈빛 속으로 차오르는 여자 한 다발 사고 싶어요

길 위로

수북한 그림자를 곁에 두는 길 위의 남자
집착의 인연으로
갈 길을 잃어
송전탑 타는 냄새 속으로 상처자국 꾹꾹 찍혀
수신호를 만들고
부재음을 만들고
담겨진 스펙트럼 빛 속으로
여자들을 만들어 간다

목마른 목선에 줄기를 타고 올라와
사금파리 왕관을 업고
꽃구름 끝자락 불이 붙어버린 모습으로 자라나
윙윙윙 달팽이관을 맴돌다
인연의 여자들

흰 도라지꽃 피어있다

신호등을 꿈꾸는 교차로

한 묶음의 정지선 속으로 시작되는 이야기
붉은 신호등에 묻혀 나간다

한 사람은 이정표 없는 보도블럭 위를 걸어
닿을 수 있는 하늘빛 파장 속으로 손을 내민다

그대 손 놓아버린
이정표
솜이불의 실체 속으로 숨어 들어오라는 방향지시에
뛰어오르는 꿈들의 날개는
하늘 밭 위
노란 신호등에 뒹군다
잡을 수 있을까

차선의 길에는 갈림 길이 놓여
말의 홀씨로
태어나는
한 사람

꿈의 낱장 날려 보낸다

겨울 밤

그림자는
바람을 손에 쥔 채
거리의 허탈을 업고 홀연히 돌아간다

겹겹이 겨울밤을 껴입고
나는 무엇을 위해
십자가의 길 속으로 나는 가고 있는가
무엇을 위해 베갯모에 두었던
사랑 가지고 왔는지

내일의 손톱빛 달무리는
또 얼마나 창백해질 것인지
진회색 문풍지 호리는 바람에 자리잡고
달빛무릎 이슬에 적실 때
처녀성 사랑일까

굵어지던 종아리 어느덧 매화향 꽃 핀다

내 안의 우체국

살아가는 일들
무엇인지도 모른 채
우체국 앞에서 춤을 춘다

춤추는 그 길에 서서
눈꽃이 되어간다

낯선 바람이 휘몰아 윙-

나는 골목길에 서 있고
우체국을 지나는 또 다른 나는
생각을 지우다
흐린 색깔의 우표를 붙인다

어떤 저녁에 내리는 눈

철탑 꼭대기가 자꾸 거꾸로 보인다
지루한 길을 지나
눈 내리는 연정 터미널에 내리면
여섯 살의 울음이
그 해 여름을 떠올리게 한다
기역자로 꺾어진 골목의 가야여인숙
보도블럭 조각들 깨어진 틈
스며드는 눈은 적색신호
자꾸 실밥이 터지는 소리가
젖은 몸의 호흡을 닮아가고 있다

한 뜸 한 뜸 내리는 눈 같은 말
가난한 집은 잠 속에서 웅성웅성
남루한 옷을 훌훌 벗어던져 버려도
갑자기 시작되는 편두통
홍등가 쪽문으로 바람이 분다며
여섯 살의 기억은 늘 무우밥의 하루
기억 저편, 얼굴을 비비대며 사랑이라고
들려주는 떠돌이별의 거짓말
연정댁이 하늘문 두드린다는 소문에
해산을 하는 노을이 찾아간 곳은
가야여인숙 간판도 적색신호를 따라
삼족오 날개짓에 눈이 먼다

붉다, 눈이 붉다
눈이 붉다는 말은 내 몸이 뭉한
고구려 고분의 무덤에 그려져 있는 성신도
해 속의 영혼이 되어 서성거렸으니
언제나 사랑은 그렇게 붉었다
열매가 올차게 영글어 가는 동안에도
자거라, 침묵의 가장 깊은 곳
버짐 핀 심장을 가진 여자의 울렁증

바람도 한 때라고, 낮바람도 한 때라고
홍역으로 밤새 울 때 어머니의 자장가는
꼬꼬닭도 울지 마라 노래로 기억되고
그제야 아득히 꿈꾸는
한 뜸, 세월의 말
지워진 아버지의 기억은
눈이 되어, 거짓사랑 빈집에 서 있는
겨울 나뭇가지를 흔들고 있다

〈작품 해설〉

그 여자의 방

임창연 시인

- 외로움의 방

여자에게는 현실의 방과 상상의 방이 동시에 존재한다. 시인인 여자에게는 하나 더 환상의 방이 있다. 그 환상의 방에서 시라는 문장을 만들어 낸다. 시인인 그녀의 방에는 무엇이 있는지 함께 이야기를 할까 한다.

잉태의 집에
와있는 섬

겨울이 떠다니는 마음으로
와있는 섬

선홍빛 떨어진 자리로
와있는 섬
천국의 계단을 오른다

동백꽃을 보렴
동백꽃을 보렴

오르가즘을 느낀다

-[섬, 외도]전문

외도라는 섬은 그 풍기는 뉘앙스가 바람 피우는 사람을 말하는 듯하다. 외롭기 때문에 사람이 그립기도 한 것이다. 섬은 홀로 떨어진 외로운 조각이다. 그 이름조차 외로운 외도에 떨어진 동백을 보며 절정을 이야기 한다. 천국의 계단을 오르는 시인은 섬을 붉게 타오르는 외로운 여인의 오르가즘이라고 말한다. 하루에도 수많은 사람들로 붐비는 외도에서 시인은 군중속의 고독을 이야기 하며 그 고독을 불타는 감각으로 떨어진 동백꽃들을 다시 살리고 있다.

강가에는 나보다 먼저 새의 기억들이 와 있었다
모래시간 위로 걸어간 발자국을 보며
사진기 셔터를 누르는 것처럼
하나 둘 셋 하며 기억을 만든다

- [여행수첩]중에서

삼랑진교는 두 개가 있다. 하나는 자동차가 지나는 다리이고, 하나는 기차가 지나는 철교이다. 경부선과 경전선이 지나는 삼랑진은 늘 분주한 철교이다. 그 아래 낙동강이 흐르고 있다. 그 강가의 모래 위에 새겨진 한 마리의 새 발자국에서 지나간 기억을 만들고 있다. 시간의 흔적이란 모래 위의 기억일 수도 있고, 바람이 지난 모래 위의 길 일수도 있다. 모래 위의 기억이란 바람이 지우는 그림일 뿐이다. 강물위에 새겨지는 바람에 이는 잔물결처럼 인생에서 기억이란 스치는 시간의 한 조각일 뿐이다. 인간에게 있어서 고독은 근원적인 동반자이다. 자궁에서 벗어나 이 땅에서 첫호흡을 하는 순간 불쾌한 기분과 함께 만나지는 그림자와 같은 존재이다. 섬에서 만난 떨어진 동백꽃 그리고 강가에서 만난 모래 위에 새겨진 새발자국과 바람은 혼자일 때만 만나지는 외로움의 방과 같다.

- 은밀의 방

남자들도 외로워질 때는 혼자만의 방으로 도피를 한다. 그것은 그냥 방해 받지 않고 시간의 도피를 위한 공간이다. 여자들은 외로우면 은밀하지만 외로움의 신호를 끝없이 타전을 한다.

겹겹이 매물도를 껴입고 또 껴입고 무엇을 위해
십자가의 길 속으로 가고 있는가
무엇을 위해 베갯모에 두었던 사랑 가지고 왔는지
손톱빛 달무리는 또 얼마나 창백해 질 것인지

- [시간 속에 박물관 하나 그려 놓았다]중에서

매물도는 이루지 못할 사랑으로 인한 하늘의 저주로 천벌을 받아 떨어져 나간 소매물도가 곁에 있다. 사람끼리는 은밀하지만 천륜을 저버린 사랑은 십자가의 길처럼 참혹하기만 하다. 베갯모에 숨겨 둔 사랑이란 얼마나 은밀한 사랑인가. 밤마다 홀로 손톱을 깨물었던 오래된 사랑은 박물관의 시간처럼 멈추어진 사랑이다. 은밀하지만 숨길 수 없는 사랑이니 얼마나 안타까운 것인가.

잠시 머물다 갈 사랑이라서
먼 뿌리에서 온 그대가 아닐거야
너무 깊고 먼 뿌리에서 온 그대가 아닐거야

그대는 소낙비 한 줄기 내리는 날을 닮아 있다
비와 땅의 첫 만남이 있어
대지에 뿜어내는 후각의 비림이 티벳의 장례의식
천장 장면들 떠 올린다

- [하늘]중에서

꽃이 핀다는 것은 은밀한 열매를 맺기 위한 벌 나비를 통한 암술과 수술의 교미이다. 꽃은 식물의 성기라고 누군가가 말했다. 참으로 절묘한 표현이다. 자연의 은밀한 교미를 통하여 다시 꽃이 피고 그 열매가 계속 이어져 가는 것이다. 비가 내리면 흙이 비를 만나는 순간 흙의 비린내가 난다. 하늘이 남성이라면 대지는 여성성이다. 마치 남자가 절정일 때 그 비릿함을 시인은 비와 땅의 첫 만남이라고 은밀하게 말하고 있다. 동시에 티벳에서 행해지는 장례 의식에서 맡아지는 후각의 비림은 쾌락의 절정과 죽음으로 끝나는 삶의 절정과 겹치는 비밀인 동시에 풀 수 없는 은밀한 이야기이다.

별에서 가시를 뽑아 먼 곳으로 가는 오후를 훔치고
삼월의 바람 끝에 떨어지는 햇살을 그대 어깨 위에
감돌게 하고 싶은 날
봄, 꽃봉오리가 툭 터져 버린다

- [빈집] 중에서

시인은 아무도 발견하지 못하는 별의 가시를 뽑는다. 봄날의 햇살을 애인에게 은밀하게 전해주고 싶은 것이다. 그 은밀한 마음을 숨기지 못하고 그만 봄날의 꽃봉오리들이 활짝 대신해 터져 버리고 만다. 봄은 은밀함을 숨길 수 없는 시인의 마음인 것이다. 외로워 보이고 은밀한 방은 봄날의 꽃들이 내밀하게 피우는 향기이다. 아무리 멀리 있는 빈집이라도 사람이 들어서면 집은 사람의 향기로 살아난다. 홀로 핀 꽃에 벌 나비가 날아들면 열매가 가득히 맺혀지는 기적이 일어나는 것이다. 은밀함은 오히려 더 기쁨과 가득함을 준비해 둔 폭발하기 전의 폭죽과 같다.

- 그 여자의 방

외롭고 은밀한 방은 많은 이야기가 있지만 굳게 닫혀 있습니다. 대개의 남자들은 여자의 방을 훔쳐보고 싶어 합니다. 오래전 들어간 여자의 방은 화장품의 냄새가 가득 차 있었습니다.
그 향기는 남자의 마음을 흔들어 놓기에 충분한 것이었습니다.
그 때의 설레임으로 가슴은 마구 쿵쾅 거렸습니다. 그녀의 시로 활짝 열렸습니다.

백열등꽃에 얼룩진 여자를 바람난 여자라며 태엽에 담아
감아 올렸던 순간들을 생각하며 그녀를 끓인다

-중략

호흡이 가늘어질수록 웃음짓는 백열등꽃으로 찾아온다
마음의 옷을 벗는다
나비는 백열등꽃 춤을 춘다
나비는 그 곳이 불투명 유리문인지도 모른다
눈물이 나비인지도 모른다
그의 백열등꽃 이야기를 그림자에 담아 두고
나를 보여줘
문을 열어

-[그 여자의방]에서

사랑에게 상처를 받으면 쉬이 낫지를 않습니다. 사랑에게 받은 상처는 사랑으로만 치료가 됩니다. 사람들은 사랑에 상처 받은 사람들을 말로 위로하기 보다는 뒤에서 수군거림으로 더 상처를 만듭니다. 말이 흉기가 되어 마음을 다치게 합니다. 그녀는 그 상처를 소독하려 따스하게 안기보다는 아픔을 소독하려 열탕기에 넣고 끓입니다. 멸균된 마음은 나비로 부활하여 춤을 춥니다. 백열등 아래 나비는 춤을 추지만 아무도 볼 수 없는 불투명의 방일 뿐입니다.

붉다, 눈이 붉다
눈이 붉다는 말은 내 몸이 몽한
고구려 고분의 무덤에 그려져 있는 성신도
해 속의 영혼이 되어 서성거렸으니
언제나 사랑은 그렇게 붉었다
열매가 올차게 영글어 가는 동안에도
자거라, 침묵의 가장 깊은 곳
버짐 핀 심장을 가진 여자의 울렁증

- [어떤 저녁에 내리는 눈]중에서

사랑은 죽어서도 붉은 사랑입니다. 사랑이란 무덤에 봉인을 해도 누군가의 손에 발굴이 됩니다. 무덤에 안장된 몇백년 전의 사랑도 뚜껑이 열리는 순간 현재로 이어집니다. 가야의 공주 무덤에서 꺼낸 700년 전의 연꽃씨가 꽃을 피웠다는 이야기는 공주의 사랑이 연꽃으로 부활한 것입니다. 아무리 아픈 사랑도 결코 죽는 법이 없습니다. 연꽃 커튼을 드리우고 어둠속에 있어도 사랑은 잠들지 않습니다. 이제 여자의 방도 어둠을 걷어내고 햇살을 비춰주어야 합니다. 스스로 안에서 문을 걸어 닫은 방은 밖에서 열 수가 없습니다. 자신의 손으로 그 문을 열고 밖으로 나와야 합니다. 이제 어둡고 축축한 이야기는 그치고 밝고 상쾌한 세상 속으로 걸어나와야 합니다. 감출 수 없는 붉은 열매의 씨앗을 세상의 흙에 심고 사랑의 꽃을 피워야 합니다.

- 미래의 방

늦은 봄의 그늘이
내 곁에서
붉은 봄을 따고 있다
(아들아)
시간이 흘러
꽃을 피워낸단다

- [늦은 봄] 중에서

여자에게 자식은 어떤 존재일까. 미래를 이어가는 희망이다. 아들을 통해 그녀의 미래는 봄을 시작하고 있다. 아무리 혹독한 현실도 시간이 흐르면 꽃을 피우는 봄이 오기 마련이다. 늦게오는 봄도 꽃을 피우기 마련이다.

진회색 문풍지 호리는 바람자리 접고
달빛 무릎 이슬에 적실 때 처녀성 사랑일까
초승달,
흑백사진 속에도
어느덧 매화향 꽃이 핀다

- [시간 속에 박물관 하나 그려 놓았다] 중에서

시간이 오래되면 역사가 된다. 박물관은 과거의 시간이 멈추어져 있는 전시관이다. 그 속에는 인간의 역사가 오롯이 기록되어 있다. 인간의 역사는 사랑의 역사이기도 하다. 그 사랑으로인하여 인류의 삶은 이어져 왔다. 사랑은 항상 처녀성이다. 누구에게든 사랑은 첫사랑이기 때문이다. 그러나 시간은 그 사랑 마저도 흑백사진으로 멈추게 만든다. 그러나 멈추어진 사랑도 매화향의 꽃을 피우고야 만다.

빗방울이 떨어지는 날
마흔의 봄
비로소 물이 되는 봄
꽃시집에 펼쳐 놓은 밀어로
물이 되어
어제는 봄비가 나의 머리결을 안아 주더군요
세상으로 다가오는 봄비의 사유도 들었어요
손을 내민 찬미의 친구와 함께
창 유리문 너머로 떠나가는
세월이란 허방을 주어서
길손의 품속에서 비의 잠을 잡니다
내일의 꽃씨를 위해서

- [봄비는 내 안의 시인으로 내리는 저녁]전문

대지에 내리는 봄비는 겨우내 잠들었던 생명들을 깨운다. 시인에게도 봄비는 밀쳐두었던 원고지를 끌어 당겨 시를 쓰게 만든다. 마음에 꽃씨를 심었던 시인이 쓰는 시들은 한 권의 꽃시집을 완성하게 만든다. 바라건대 이제 시인의 방도 커튼을 열어젖히고 슬픔으로 젖은 공기를 말려야 한다. 지나온 아픈 시간은 시간의 박물관으로 보내야 한다. 이제 새 원고지를 펼치고 세상으로 눈을 돌려야 한다. 시인은 누구보다도 뛰어난 상상력의 소유자이다. 누구보다도 시를 사랑하기에 꿈에서도 시를 쓰는 타고난 시인의 달란트를 가졌다. 여기저기 마음을 빼앗기지 말고 다시금 시에 전력하기를 바란다. 이 시집이 다시금 시인의 전성기를 회복하는 단초가 되기를 바란다.

시인의 말

말은 렌즈 앞으로 와서 찍히지 않습니다.
시간은 구둣발 소리에 스며들 때 발이 시립니다.
겨울처럼 詩가 창가에 떠 있고
나는 밤마다 발이 시립니다.
그 동안 만나지 못한 아쉬움에
그대를 눈웃음으로 맞이하려 합니다.
작은 보석이 모여 아침 햇살로 피어나는
마음을 보여 드리고 싶습니다.
나에게 전하는 말
그대가 내게 오지 않아 몸살하던 지난 밤들
詩, 그대는 밤새 내린 이슬이 되었습니다.
참 좋은 당신을 생각하며
푸른 갈대에 살을 베었던 기억은 저만치
뚝방길에 펼쳐 놓았습니다.
갈대 씨앗에 맺힌 이슬 은유로 태어나는 모국어
당신은 내 인생에 있어 빛이며, 첫눈이며,
어머니 같은 사랑입니다.

2015년 7월
박숙희